PRIX : 1 FRANC.

VIVE L'EMPIRE

Ave Cesar imperator

CINQUIÈME ÉDITION

PARIS

DÉPOT CENTRAL	GARNIER FRÈRES
RUE SAINT-LAZARE, 45.	PALAIS-ROYAL, 215.

1852

VIVE L'EMPIRE.

PARIS. — IMP. SIMON RAÇON ET Cᵉ, RUE D'ERFURTH, 1

VIVE L'EMPIRE

PAR

ULYSSE PICK ET JULES HERMANN.

Ave Cesar imperator!

QUATRIÈME ÉDITION.

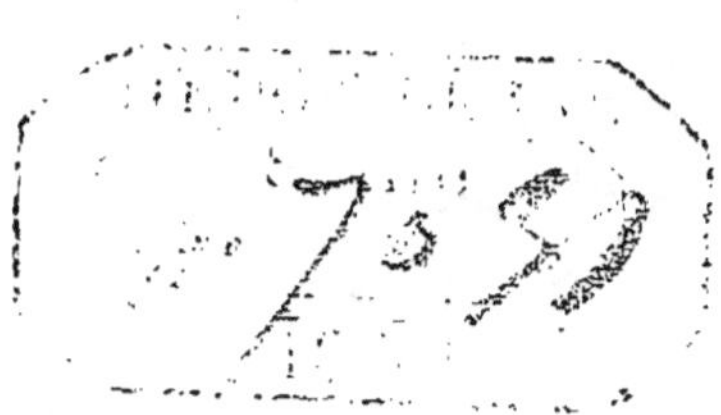

PARIS

| DÉPOT GÉNÉRAL | GARNIER FRÈRES |
| RUE SAINT-LAZARE, 45. | PALAIS-ROYAL, 215. |

1852

VIVE
L'EMPIRE

I

« Il y a de l'écho en France, disait un orateur de la Restauration, quand on parle d'honneur et de patrie. » Ce mot explique l'enthousiasme qui accueille partout le cri de : *Vive l'Empire !* car l'Empire a été l'expression la plus sublime des idées d'honneur et de patrie, si chères aux cœurs français. Nous n'avons pas à démontrer ici l'universalité, l'unanimité des vœux qui appellent la couronne impériale sur le front de Louis-Napoléon, c'est-à-dire la sta-

bilité du pouvoir, la sanction des actes accom-
plis, la fusion définitive de tous les partis dans
l'idée la plus grandiose, la plus logique, la
plus nationale, qui ait jamais rayonné sur notre pays. Ces vœux se démontrent, se proclament eux-mêmes, non plus par l'intermédiaire
de la presse et des corps constitués, mais directement, en plein soleil, sur le passage du
Prince Président. Quel obstacle pourrait donc
s'insurger contre le vœu public? Qui essayerait
de contester la sincérité ou la légitimité des
manifestations populaires? Sont-ce les républicains?

Étrange subversion des idées et des opinions humaines !

Eh quoi ! les inventeurs du suffrage universel en seraient réduits à le nier et à l'insulter !
M. Thiers serait absous par les démocrates de
l'injure qu'il jeta à la vile multitude, et eux-
mêmes ramasseraient le mot contre le peuple
souverain ! C'est contre les démocrates que
nous aurions à défendre aujourd'hui le dogme
de la souveraineté populaire ! C'est à eux qu'il
nous faudrait demander qui donc, doué d'une
souveraineté supérieure à celle de tout le

monde, a le droit de décréter que tout le
monde se trompe? Qui donc a le droit de décréter que le peuple, agissant dans sa volonté,
en des choses qui concernent directement et
exclusivement son existence, son organisation,
ses affaires personnelles, est ignorant, aveugle
ou corrompu? Où est-il celui qui est autorisé à
se mettre au-dessus de la raison publique; qui
sait mieux que le pays ce qui convient au
pays; qui sait mieux que tout le monde comment il convient à tout le monde d'être gou-
verné et administré?

En matière de morale, dans les choses qui
sont du ressort de la conscience, il y a un criterium, il y a des règles, des lois imprescrip-
tibles, dont l'universalité démontre l'infailli-
bilité. Que, par un obscurcissement soudain de
la conscience humaine, ces règles, ces lois,
soient renversées, je comprends qu'un homme,
fût-il seul au milieu de la folie universelle,
reste impassible comme le juste d'Horace et
proteste jusque sur les ruines de l'univers. En
matière de morale, la conscience individuelle
est souveraine. Là, le droit et le devoir sont
formels; il n'y a point de droit contre ce droit,

il n'y a pas de devoir contre ce devoir. Mais, en matière de gouvernement, notion essentiellement diverse selon les temps, les circonstances, les mœurs, les tempéraments, où est le criterium? où est la vérité absolue? où est l'opinion individuelle qui a le droit de se proclamer supérieure à l'opinion collective? Et, pour ne parler que des républicains, de ces hommes qui ont protesté, au nom du suffrage universel, contre tous les gouvernements de la France depuis cinquante ans, — au nom de quel principe inconnu, de quel dogme nouveau, pourraient-ils protester aujourd'hui contre le suffrage universel lui-même?

Diraient-ils, par hasard, que le peuple n'est pas libre? qu'il y a quelqu'un qui les commande et les contraint, ces cris universels sortis des cités, des palais, des chaumières et des pavés eux-mêmes? — Ou feindrait-on de ne pas les entendre, quand l'univers tout entier les a entendus? Non, il n'y a pas d'objection possible à cet enthousiasme, à cette ivresse, qui confondent dans un même sentiment et dans un vœu unique toutes les classes, tous les cœurs. Qu'importe qu'en d'autres circonstances d'autres gouvernements aient été à leur tour encouragés et acclamés, et qu'est-ce que cela prouve, sinon que l'idée de pouvoir est profondément populaire en France, et que toute autorité qui s'affirme énergiquement en face du désordre est toujours sûre de trouver des sympathies énergiques, sauf à compter ensuite avec l'opinion? Que des démagogues errants, chez les gazettes étrangères, essayent de calomnier l'enthousiasme qui ressuscite et qui sauve leur pays! Que ces émigrés républicains aient aussi, à Londres et à Bruxelles, leur *Moniteur de Gand!* Qu'ils aillent colporter chez les Anglais et chez les Autrichiens leurs ressentiments et leurs complots contre la mère patrie! Qu'ils aillent par l'Europe, insultant le peuple dont l'erreur fut de les tolérer un seul jour! Le peuple a, contre leurs outrages d'aujourd'hui, leurs adulations d'hier. Quand ils se prosternaient devant lui; quand ils l'encensaient comme l'idole de Jagarnaut; quand ils adoraient les haillons; quand les dames du gouvernement portaient dans des cassolettes la sueur des pieds populaires; quand ces orateurs, ces tribuns, ces consuls exilés, ne trouvaient pas de plus nobles couronnes que les couronnes ramassées dans le ruisseau, de plus douce ivresse que celle du vin bleu et des applaudissements de cabaret, ne connaissaient-ils pas le peuple? Quelle était donc alors l'excuse de leurs platitudes? Et, comme le disait un écrivain à M. de Lamartine : « Ne voient-ils pas qu'en insultant ce qu'ils appellent aujourd'hui la bêtise humaine, ils détruisent leurs autels, ils défont leurs propres lauriers, ils se jettent eux-mêmes aux dédains de l'histoire, car furent-ils, dans leur triomphe éphémère, autre chose que d'illustres monuments de la bêtise de l'humanité? »

II

Il n'est pas inutile d'insister sur la nouvelle situation qu'adoptent aujourd'hui les démocrates : ils renoncent au suffrage universel.

Un décret venu de Londres destitue le peuple
souverain. Nous pouvons donc espérer que
demain, si par hasard et malheur le pouvoir
actuel venait à disparaître, si un accident, une
surprise, un tour de main quelconques, nous
remettaient en présence d'un 24 février, on
ne nous parlerait plus du suffrage universel et
de la souveraineté d'un peuple déclaré « stu-
pide (1). » Nous prenons acte de ces mépris.
Les républicains ne nous feront plus de République ; ils se retireront avec une sainte pudeur des suffrages populaires, ils ne deman-
deront plus au peuple de portefeuilles, de
palais, de préfectures, de souscriptions pa-
triotiques ; ils ne feront plus comme Vespasien,
qui trouvait que l'argent sent toujours bon,
vînt-il des sentines de Rome, et, n'attendant
leur triomphe que de l'instruction, de l'intelligence des générations à venir, ils n'auront
plus d'autre souci que d'éclairer et de mora-
liser le peuple par l'exemple de leur désintéressement et de leur vertu.

(1) Voir la *Nation*, de Bruxelles, rédigée par les proscrits de
Belgique et de Londres.

Quant à nous, qui nous trouvons aujourd'hui substitués à nos vainqueurs, qui avons pour nous le peuple, la force, l'autorité, ils nous pardonneront de ne pas partager leurs mépris, d'avoir notre heure d'illusion comme ils l'eurent eux-mêmes, de trouver excellent le suffrage qui les a chassés, de tenir le peuple pour parfaitement intelligent, la force pour une chose éminemment salutaire, l'autorité pour une conquête qu'il est très-bon de savoir faire, et mieux encore de savoir conserver. Si nous n'avions à nous préoccuper que des démocrates, la discussion se bornerait là ; nous leur dirions purement et simplement que nous crions : *Vive l'Empereur!* parce que cela nous plaît, comme il leur a plu de crier, quand ils étaient les maîtres : *Vive la République! Vive Ledru-Rollin! Vivent les lampions!* Mais nous devons des explications à l'Europe, qui regarde, et à l'Histoire, qui attend.

III

La première moitié de ce siècle fut témoin
d'un événement immense. La race épuisée des
vieux Capétiens disparut dans une tempête.
Napoléon installa sur ses ruines une race nouvelle, avec la double consécration de la force,
qui vient du peuple, du génie, qui vient de
Dieu. Les hommes du droit divin ont raison :
il y a des races privilégiées; mais où sont-
elles, si ce n'est où l'instinct des peuples sait
les reconnaître, et l'étoile qui luit au front de
Bonaparte est-elle moins éclatante que celle qui
luit au front de Hugues Capet? Le fondateur de
la quatrième dynastie française apparut comme

apparaissent les conquérants prédestinés, au milieu de la foudre et des éclairs. Toutes les grandes idées, toutes les tendances généreuses, tous les progrès de l'esprit humain, toutes les affirmations légitimes du passé, tous les éléments de l'avenir, se résumèrent en lui : il fut l'incarnation vivante de la civilisation moderne. Fils de la Révolution, il se dégagea des usurpations, des impuretés et des crimes de sa mère, comme du creuset purificateur se dégage un bloc d'or pur. Après avoir traversé le monde comme un météore lumineux, il alla s'éteindre dans l'Océan. Mais il semble que le destin lui-même ne combina sa chute qu'en vue de sa gloire, et ne le trahit que pour le grandir. Lorsque, après lui, la vieille royauté et la France nouvelle se retrouvèrent face à face, elles ne purent se reconnaître ni se comprendre. La France disait, comme l'homme de Shakspeare : « Où suis-je et que me veulent ces fantômes? » Un orage les avait ramenés, un orage les emporta.

Avec quelles armes fut battue en brèche la Restauration? Au nom de quels ressentiments fut-elle flétrie? Quels remords s'attachèrent à

ses flancs comme le vautour de Prométhée?
Quelles évocations inspirèrent les populaires
refrains de Béranger, les prosopopées de Foy
et de Manuel? — L'Empire! l'Empereur! Austerlitz, Wagram, Marengo, Waterloo, 1815!
Les grandeurs disparues, les prospérités éva-
nouies, la patrie vendue, l'aigle mutilé, la
victoire trahie et captive, voilà quels souvenirs
faisaient frissonner le sol violé, les cœurs hu-
miliés, les soldats sans drapeau, les épées désormais sans gloire! voilà de quels noms se
nommaient ces douleurs, ces regrets, ces lar-
mes, ces frémissements et ces espérances, dont
l'explosion, quinze ans contenue, dispersa aux
vents de l'exil les derniers Bourbons!

Cette explosion fut la Révolution de juillet.

Personne n'a jamais essayé, personne n'o-
serait essayer d'établir sérieusement que l'enthousiasme universel qui l'accueillit, parmi les
masses, s'inspirait d'une affection orléaniste.
Tout le monde sait, et il serait superflu de le
raconter ici, comment cette révolution, très-
habilement prévue au Palais-Royal, fit passer
aux d'Orléans la couronne des Bourbons. Jamais, à coup sûr, on n'exécuta avec plus de

grâce et d'adresse un de ces « tours de main »
dont un conspirateur démagogique a si naïve-
ment révélé la théorie.

Quoi qu'il en soit, la France n'en doit pas
moins garder un souvenir indulgent de cette
monarchie qui remplit ses engagements souvent avec bonheur, toujours avec fidélité. Elle
en reçut longtemps une prospérité matérielle
très-grande, une paix dont malheureusement
les profits ne purent compenser l'humiliation,
et une liberté dont nous aimons à reconnaître
le prix sans nous croire obligés pour cela de la
regretter. Voilà ce que nous savons aujour-
d'hui du gouvernement de Louis-Philippe et
comment nous l'apprécions. Or, si ces titres à
l'estime publique ne purent le sauver en
1848, quels titres avaient pu le fonder en
1830? Le pays, qui l'a laissé tomber après l'a-
voir connu, l'avait-il accueilli librement, sin-
cèrement avant de le connaître? Cette monarchie improvisée avait-elle quelques racines
dans le cœur de la nation, dans les affections
du peuple? *Neque beneficio neque injuria co-
gniti.* Où avait-elle brillé par quelque bien-
fait, par quelque gloire? Nulle part. Croit-on

que si quelque héritier du nom impérial s'était trouvé là, sous la main de la France, Lafayette et Laffitte auraient essayé de le confisquer à la nation? Mais le fils d'Hector expirait à la cour de Pyrrhus. La Sainte-Alliance avait pris ses précautions contre les héritiers napoléoniens. Louis-Philippe mit la cocarde nationale à son chapeau, l'escamotage s'exécuta sous les plis du drapeau tricolore, et la France se laissa faire, car elle est bonne fille..., comme la Lisette de Béranger. Toutefois ses vœux n'étaient remplis qu'à demi. La Révolution de juillet, en chassant les Bourbons, donnait satisfaction à ses antipathies et à ses ressentiments sans combler ses affections et ses espérances.... Louis-Philippe ne fut qu'un roi d'occasion.

IV

Quomodo cecidit? Comment est-il tombé, cet homme puissant entouré d'une si brillante armée, d'une famille si illustre, de capitaines si vaillants? Son succès avait été un hasard; sa chute fut une surprise. Ce n'est pas nous qui contesterons jamais ses droits à l'estime de l'histoire, ses qualités personnelles, son humanité, la facilité de son esprit, la générosité de son cœur, la loyauté de sa parole, la droiture de ses intentions. Appuyé sur une reine dont la sainteté méritera un jour des autels, sur de jeunes héritiers pleins d'éclat, de loyauté et de bravoure, et dont l'éducation peut servir de modèle aux fils des princes, il fut le père de famille le plus honorable de son royaume. Servi par les intelligences les plus élevées, par une administration d'élite, par deux Chambres plus riches à elles seules en illustrations de tout genre que les conseils de tous les rois de l'Europe ensemble, il fut par excellence le roi constitutionnel. Aussi l'épreuve impuissante qu'il a tentée de ce régime est-elle sans appel. Il a emporté le système constitutionnel au tombeau, et l'on peut dire de lui ce que disait l'ombre du fils de Priam : « Pergame ne peut être défendue, puisque le bras d'Hector n'a pu la défendre. » Le pays, au fond, n'avait point de foi dans l'efficacité finale de ce plagiat du système anglais, dans la stabilité de ce gouvernement trop exclusivement fondé sur les intérêts matériels, quelque respectables qu'ils soient. On jouissait des bienfaits de ce régime sans reconnaissance, on le laissa partir sans regret. Le peuple n'avait pas été appelé à le sanctionner, il ne se leva pas pour le défendre. Le peuple ne l'avait jamais connu que par des questions d'argent. La prospérité était réelle, la France commerçait, défrichait, labourait, fondait le

fer, battait l'enclume ; tout le monde travail-
lait... le roi seul mendiait. Ce fut là le malheur de cette monarchie. A tort ou à raison, le
père de famille désaffectionna le roi. L'histoire,
il faut bien le dire, n'enregistra jamais de
chute plus misérable. Sur la même place où le
fils de saint Louis monta au ciel, le fils d'Éga-
lité monta en fiacre. Contraste écrasant qui as-
signe à chacun son véritable caractère. L'exil
fut pour lui sans grandeur, la mort même sans
majesté. Charles X, du moins, laissa derrière
lui des amis fidèles qui disputent son nom et
sa race à l'ingratitude et aux outrages du temps ;
Louis-Philippe n'a laissé que des procureurs oc-
cupés à disputer au Trésor quelques sacs d'écus
oubliés aux Tuileries. Comme il avait vécu sans
gloire, il tomba sans dignité. La France conti-
nua sa route à la recherche de ses destinées.

V

Personne ne se trouvait là pour recueillir la succession de Louis-Philippe, aucune gloire nationale, aucune illustration populaire, aucun nom providentiel. Quand les nations ont ainsi tout perdu, l'heure est venue d'en faire des républiques. Le régime républicain, improvisé, décrété et bâclé à Paris, fut offert à la France le poignard sur la gorge. La France l'accepta ; seulement, mieux avisée que ses vainqueurs, elle comprit à l'instant même que le suffrage universel, dont ils espéraient faire l'instrument de sa servitude, deviendrait bientôt l'instrument de sa liberté. En attendant, la

République ne fut point un gouvernement, mais une orgie. Il est curieux d'observer de quels éléments elle se forma.

Paris a été, de tout temps, le centre, le foyer d'une opposition persistante, ténébreuse, qui semble se transmettre invariablement à une certaine classe d'hommes, de génération en génération, à toutes les époques et sous tous les régimes. Qu'il nous soit permis, sous forme de digression, d'en esquisser les traits les plus saillants. Ces documents ne seront ni étrangers à notre thèse, ni inutiles à l'histoire.

Parmi ces hommes mêmes, il y a deux catégories distinctes : la première se compose de ces quelques milliers de coquins qui, selon l'expression d'un de nos plus vigoureux publicistes, « ne disposant ni d'un sou, ni d'une « chemise, prétendent à disposer du trône de « Louis XIV et de Napoléon. » Celle-là se recrute dans les bas-fonds; c'est la vermine des tapis francs, l'excrément social. La religion et la morale peuvent assurément l'épurer, la transformer, en diminuer l'étendue et la malignité, mais il est douteux qu'elle disparaisse jamais complétement. Sa nécessité est peut-être une loi providentielle. Ces hommes sont l'infirmité naturelle des sociétés, comme d'autres choses sont l'infirmité naturelle de l'individu. L'individu et la société offrent à cet égard des analogies incontestables.

La seconde catégorie a d'autres caractères : elle est un accident social. On la retrouve à diverses époques avec plus ou moins d'extension; elle est souvent le résultat de l'organisation gouvernementale et peut disparaître sous l'influence d'une organisation meilleure. Elle n'existe pas chez les peuples où l'éducation de la jeunesse est sainement comprise et pratiquée, où les instincts ambitieux et l'esprit d'aventure n'altèrent point les traditions de famille. Elle se compose, en un mot, d'individus déclassés par une fausse éducation, une fausse ambition, de faux talents ; jeunes gens qui ont voulu être avocats, doués tout juste de l'esprit nécessaire pour faire des perruques ; poëtes à qui Boileau disait de son temps : *Soyez plutôt maçons;* artistes sans art, nés pour être domestiques ; politiques de cabaret, orateurs de taverne, diplomates de carrefour, médiocrités de toute espèce, fruits secs de toutes les écoles,

rebuts de tous les concours, montés trop haut
pour vouloir descendre, restés trop bas pour
pouvoir monter. Ces hommes sont arrivés à la
misère par l'incapacité, et à l'immoralité par
la misère. N'étant bons pour aucun gouvernement intelligent et honnête, on comprend qu'aucun gouvernement intelligent et honnête ne soit
bon pour eux. Leur vie est naturellement oc-
cupée à en chercher de nouveaux, à imaginer
des gouvernements d'imbéciles, dont ils seraient les grands hommes, comme cela se
passe chez les Aveugles, où les borgnes sont
Rois.

Ces deux catégories que nous venons de dé-
crire correspondent à des fonctions très-diffé-
rentes : la première a pour état de se tenir
prête aux coups de main, aux coups de fusil, de
se montrer et de se faire tuer à la tête des révolutions. La seconde a pour état de se cacher,
de se sauver pendant la bataille et de se pré-
senter après pour escamoter les profits. Alors
« le tour est fait. » Les hommes incompris ont
enfin trouvé leur gouvernement. C'est l'heure
où on les voit arriver dans les préfectures et y
porter, avec l'insolence naturelle à de pareils

parvenus, les mœurs des mauvais lieux où ils ont fait leur apprentissage d'hommes d'État. Seulement, comme la conscience ne perd jamais complétement ses droits, même au milieu des plus brutales ivresses, ces singuliers conquérants ne peuvent se dérober eux-mêmes au pressentiment de leur courte durée, et alors ils vident les caves comme des vagabonds qui ont trouvé crédit dans une auberge, ils se prélassent dans les habits des maîtres absents, comme des valets ivres restés seuls à la maison.

VI

C'est là le parti que Février porta au pouvoir. Quelques honnêtes gens s'y trouvèrent mêlés et y apportèrent une influence assez heureuse pour éviter de grands désastres, pas

assez puissante pour rassurer complétement le
pays. Tel fut M. de Lamartine : patriote de
bonne foi, orateur éminent, sans aucune expérience des affaires et presque habile pourtant
à force de générosité, de confiance, de probité.
Personne ne réunit jamais à un plus haut de-
gré toutes les qualités, toutes les vertus qui peuvent faire aimer un homme, illustrer un citoyen : le talent, la bonté, la grâce, la fidélité
de la parole, l'indulgence aux lèvres de miel,
tout cela est en lui et s'en épanche comme la
clarté d'une lampe d'or. Les services qu'il ren-
dit furent immenses et méritent mieux que
l'oubli où il est tombé. Mais il avait cru qu'il
pourrait faire accepter la République en effa-
çant le stigmate originel qu'elle porte au front
depuis Quatre-vingt-treize, et ce fut son erreur.
La République en France est comme la clef d'un
conte sinistre : on a beau la laver d'un côté,
la tache sanglante reparaît toujours de l'autre.
Il s'était flatté de maîtriser la révolution, de lui
faire un lit de roses, de l'encadrer dans l'idéal
honnête, modéré, poétique, qu'il avait rêvé ;
il se trompa. Il fit comme ce pauvre Beetho-
ven, qui, à l'âge de quatre-vingts ans, aveugle

et sourd, voulut un soir, au théâtre de Franc-
fort, faire exécuter lui-même sa symphonie.
Tandis que le vieillard battait une mesure tar-
dive, croyant conduire l'essor des instruments,
l'orchestre roulait ses flots au commandement
d'un archet plus agile, et le vieil aveugle battait encore que la symphonie avait passé !

On ne fait pas le chef d'une grande nation
avec le premier grand homme venu. La popularité est indispensable partout, et en France
plus que partout. Assurément, M. de Lamartine fut un instant un homme populaire, mais
non pas de cette popularité vivace, profonde,
universelle, qui a ses racines dans le temps ou
dans la gloire, qui fait d'un homme ou d'une
race l'incarnation vivante d'un peuple. Il avait
des amis qui rêvaient pour lui la dictature,
qui lui conseillaient une courageuse usurpation.
Elle eût été possible, mais non pas durable.
On n'est Monck qu'à condition d'avoir derrière
soi les Stuarts. Et puis, il y a dans les noms
une mystérieuse prédestination. Un roi ne peut
pas s'appeler Lamartine, un empereur ne peut
pas s'appeler Cavaignac. Il faut plus de temps
ou plus d'éclat qu'on ne pense pour qu'un nom

pénètre et s'incruste dans les affections, dans la mémoire, dans les entrailles d'une nation (1).

VII

La République est au quatrième mois de

(1) On se souvient que, dans les premiers jours de la République, le citoyen Ledru-Rollin, vautré sur les coussins de M. Duchâtel, trouva un moment ses délices de Capoue au ministère de l'intérieur. Les républicains de la veille murmuraient. Ils lui reprochaient de se traîner à la remorque de Lamartine et de trahir par une lâche connivence les destinées de la Révolution. Ces plaintes répandues en province y provoquaient, parmi les frères, des récriminations violentes. Un orateur de village, du côté de Marseille, en fit, dans un club, l'objet d'une philippique des plus chevelues. Comme on en causait beaucoup le lendemain devant quelques paysans, « Monsieur, dit l'un deux à son voisin, vous qui venez de Paris, connaissez-vous cette Martine qui fait tant de mal à notre bon duc Rollin ? Il paraît que c'est un brave homme, bien porté pour le peuple, mais on dit que cette Martine fait le diable dans sa maison. » Ces braves gens croyaient que la Martine était la femme du duc Rollin, comme Martine était la femme de Sganarelle.

son laborieux et stérile enfantement ; une Constitution vient d'essayer de fixer pour quelque temps les conditions de son existence. Avant de nous prononcer sur la légitimité de cette Constitution et des attaques dont elle fut l'objet, jetons encore un regard en arrière. Où le droit est obscur et incertain, ce sont les circonstances dans lesquelles ils se produisent et les éléments dont ils se composent qui établissent la portée et la valeur des faits.

La première question à poser est celle-ci :

La France, au moment même où elle nomma l'Assemblée constituante, était-elle républicaine ? L'Assemblée constituante fut-elle la véritable expression des sentiments et de la volonté du pays ?

Je réponds hardiment : non, et je le prouve. Ce serait une erreur absurde, une erreur que l'histoire n'acceptera pas, de croire que l'Assemblée constituante fut, en aucune manière, l'expression libre, sérieuse, réfléchie, de l'opinion française. A l'époque même où la France, avant Février, pouvait paraître le plus émue, où les banquets promenaient de ville en ville « l'agitation salutaire » de M. Duvergier de

Hauranne, c'est à peine, somme toute, si la millième partie de la France, je ne dis pas s'associait à ce mouvement politique, mais même en avait connaissance. On ne réfléchit pas assez que les journaux sont des microscopes qui exagèrent jusqu'à des proportions colossales les objets les plus imperceptibles à l'œil nu. Nous autres journalistes, nous avons des procédés comme Salmonée pour imiter le bruit de la foudre et des éclairs; rien qu'en soufflant dans le tuyau d'une plume d'oie, nous faisons des tempêtes. Que de fois, en Hollande, en Angleterre, en Italie, lisant une gazette, ne nous est-il pas arrivé de nous y tromper nous-mêmes après y en avoir trompé tant d'autres! Que de fois, revenant de Naples ou de Bade, très-sérieusement émus des nouvelles des journaux, convaincus que « l'horizon se chargeait de nuages, » avons-nous été ébahis d'apprendre qu'on n'en avait jamais entendu parler au café Cardinal! Ce n'est pas avec les gazettes, c'est avec les statistiques qu'il faudra écrire l'histoire. M. de Girardin, publiciste très-éminent, qui — soit dit en passant, ne tardera pas à crier vive l'Empereur comme tout le monde, — M. de Girardin a établi quelque part que, la veille du 24 Février, il y avait à peu près, en France, un million de citoyens s'intéressant à la politique, et moins de deux cent mille s'y intéressant avec une véritable intelligence, c'est-à-dire gens d'étude, liseurs sérieux, compétents dans les matières économiques, dans les questions de droit public. Il y avait à Paris une feuille appelée *la Réforme*, c'était le seul organe du parti républicain, le *National* étant passé, avec M. Marrast, avec M. Carnot et les autres, sous le drapeau du suffrage restreint. Les hommes qui rédigeaient la *Réforme*, tandis qu'ils voyaient chaque jour leurs articles reproduits par les gazettes étrangères et discutés comme l'expression d'un parti considérable, mouraient de faim, et ne purent pas toujours, jusqu'en Février, trouver dans ce parti assez d'abonnements pour payer leur imprimeur, assez d'appointements pour se procurer des bottes. Pauvreté respectable après tout ; je ne la révèle ici que pour leur en faire honneur. J'ai connu ces deux hommes : cœurs abusés, mais convaincus et intrépides, leur misère attestait leur probité. Mais croyaient-ils eux-mêmes, pouvaient-ils croire sérieusement à l'existence du parti dont ils portaient le drapeau? — C'est impossible. Ce parti, à leurs yeux mêmes, n'existait pas; ils cherchaient à le créer, il était à créer tout entier. Cela est si vrai, que Proudhon l'a confessé lui-même. « Il fut frappé d'effroi, dit-il, quand il vit arriver la Révolution de février, parce que la France n'était pas prête. » Et Proudhon en savait quelque chose, lui qui, depuis trois ou quatre ans déjà, avait fait son *Discours sur la propriété* et formulé son fameux axiome : « *La propriété, c'est le vol*, » sans que ce coup de pistolet — spirituelle expression de Pelletan — retentît hors du seuil d'une académie de Francs-Comtois. Mais, quand il sentit l'odeur de la poudre, quand il entendit le tocsin de Notre-Dame, une fièvre héroïque le prit et il courut... à l'imprimerie de M. Boulé. Chacun son métier.

Voilà des renseignements acquis à l'histoire.

Maintenant mettons-nous en face de la Constituante et de la Constitution. Quelqu'un oserait-il essayer de prétendre sérieusement que les dix millions d'électeurs, bourgeois, paysans, ouvriers, appelés à élire la Constituante se sont prononcés en connaissance de cause? Que cette Assemblée est la représentation fidèle, l'expression exacte de la volonté du pays? Qu'ils ont acclamé librement et intelligemment la République par sa bouche, ces dix millions d'hommes sur lesquels on n'eût pu, à coup sûr, en trouver un million capables de répondre à cette simple question : « Qu'est-ce que le gouvernement républicain? Qu'est-ce qu'une Constitution? Mis en demeure de distinguer entre des candidats monarchiques, républicains purs, républicains socialistes, proudhoniens, cabétiens, communistes, *et cætera*, *et cætera*, ont-ils pu prononcer, ont-ils pu choisir avec discernement, entre les compétiteurs, ces milliers de filateurs de Mulhouse, de maçons du Limousin, de pàtres des Pyrénées, de vignerons de Gascogne, qui, pour la première fois de leur vie, viennent d'entendre nommer ces noms barbares restés estropiés encore aujourd'hui dans les oreilles populaires? Ont-ils eu l'intelligence et la conscience de l'acte qu'ils ont accompli, ces millions d'hommes qui, éloignés constamment de toute participation aux affaires publiques, n'ont jamais eu jusque-là à s'immiscer même dans les élections d'un conseil municipal? Se sont-ils rendu compte du mandat dont ils ont investi leur mandataire? Ont-ils eu la conscience de tout ce qu'exige de sagacité, d'expérience, d'études, de veilles, d'honnêteté, le métier de législateur? Ont-ils, en un mot, obéi à des inspirations raisonnables en envoyant des pâtissiers, des apothicaires, des vachers, décider de la paix et de la guerre et légiférer sur les finances et les chemins de fer?

Telle est la première question qui s'élève contre la Constituante. L'esprit même de la Constitution qu'elle promulgue en soulève une autre.

En *droit*, si le droit peut trouver ici quelque place, il est évident que la Constitution qui émane d'une Assemblée émanée elle-même du suffrage universel est l'expression légale de la volonté publique. — En *fait*, il est tout aussi évident que ce pacte bâtard, fabriqué au nom de tout le monde, ne satisfait personne. Qu'adviendra-t-il maintenant de cette lutte du fait et du droit? Qui sera juge? Le peuple évidemment. Mais où est-il? Où tient-il ses assises? Qui le convoquera? Dix millions de citoyens ne se con-

voquent pas tout seuls d'un bout de la France
à l'autre. La Constitution seule détermine le
mode et la forme, le *casus* de l'appel au peuple,
mais, par cela seul qu'elle s'impose pour une
époque déterminée, n'attente-t-elle pas à la liberté et à la souveraineté de la nation? Tandis
que ces discussions agitent et passionnent le
pays, deux clubs à Paris, tranchant la question,
proclament que le droit à l'insurrection est
antérieur et supérieur à toutes les Constitutions
du monde, se lèvent, envahissent l'Assemblée
et la déclarent dissoute au nom du peuple. Mais
qui donc a donné à trois ou quatre cents individus mandat d'agir au nom de dix millions de
citoyens? Est-il raisonnable que les représentants
officiels de quatre-vingt-six départements soient
chassés comme des valets par une poignée de
conspirateurs dépenaillés? Ces hommes disent
qu'ils agissent au nom du droit à l'insurrection antérieur et supérieur; — c'est leur façon
de parler. Cela est sans doute fort respectable.
Mais allons-nous donc convenir désormais que
la première douzaine venue de chenapans aura
le droit, au nom de l'antérieur et du supérieur,
d'aller, quand il lui plaira, jeter les Assemblées

par les fenêtres ? Cinq ou six cents gueux sales
et barbus seront à eux seuls le peuple souverain ?

Non, grâce à Dieu, cette audacieuse usurpation ne sera pas tolérée, et c'est ici qu'il faut
admirer le tact et le bon sens profond du vrai
peuple dans les circonstances décisives.

Oui, le pays est horriblement fatigué de la
Constituante ; oui, la conscience publique est
disposée à une éclatante protestation, mais elle
entend que cette protestation soit digne d'elle.
Oui, elle est profondément irritée contre cette
Assemblée, source de tous les malheurs, mais
il ne lui plaît pas qu'elle tombe devant les clubs
malpropres des faubourgs, et elle se révolte
avec un mépris écrasant contre une interven-
tion qui s'impose. Il ne lui plaît pas, pour fran-
chir le bourbier, d'accepter la main brutale de
Barbès et d'Huber ; demain il lui plaira peut-
être de poser son pied en souriant sur le man
teau de velours de Raleigh.

Ce sont des délicatesses de reine !

VIII

Mai ne fut que la préface de juin. Juin! date
à jamais néfaste et exécrée dans les annales
humaines. La mort couvre Paris; un orage de
sang éclate dans les airs, les ruisseaux roulent
du sang, les épées flamboyant au soleil ruis-
sellent de sang; les populations épouvantées
des rives de la Seine voient passer le fleuve
rouge de sang. C'est la guerre des fils et des
pères, c'est la bataille des barbares; la démagogie a empoisonné ses armes pour que chaque
blessure soit la mort. La nation, rétrogradée de
quatorze siècles, semble revenue au temps où
les sauvages enfants de Merwig sortirent cou-
verts de peaux de bêtes des forêts de la Ger-

manie ; la civilisation s'obscurcit, la France chancelle au milieu des nations comme un homme ivre. Aux termes de la logique humaine, la patrie doit périr ! Mais la Providence la couvre de ses mystérieux desseins. Elle nous a faits pour servir de leçon au monde, et c'est avec raison qu'on nous appelle le peuple initiateur. Elle nous a assigné ce rôle et nous en a donné à la fois les douleurs et les gloires ; douleurs qui nous mènent jusqu'à la mort, gloires qui nous ressuscitent ! si bien qu'on peut dire de la France ce qu'a dit du Christ un poëte allemand :

« Voilà le Rédempteur ! il s'affaisse, il suc-
« combe, il va mourir !... mais l'heure même
« où l'on croit qu'il expire est celle qui le re-
« lève et le rend immortel. »

Quand l'histoire moderne aura trouvé son Tacite, elle pourra vous rendre témoignage vous tous qui que vous soyiez, morts ou vivants, héros ignorés ou martyrs illustres dont le dévouement sauva la patrie ! Elle pourra parler de vos exploits, ô fils de nos armées ! ô soldats intrépides, modèles des armées chrétiennes dans l'univers! Mais qui pourra jamais parler dignement de ta gloire, ô toi qui apparus sur la plus haute cime, montrant aux combattants le signe que virent au ciel les légions de Constantin? Tu tombas enseveli dans ton triomphe comme Machabée!... Heureuse la plume qui saura dignement tracer ce tableau pour la postérité!

* * *

IX

On sait le nom des généraux qui organisèrent cette défense immortelle. Ils sont égaux devant la reconnaissance de la patrie, et il serait injuste de donner à l'un le bénéfice de la gloire commune. M. Cavaignac a une part personnelle assez grande pour lui suffire. Négrier,

Duvivier, Bréa, tous ces grands capitaines, payant de leur poitrine devant les barricades, tandis que leur collègue organisait la victoire au palais Bourbon, méritent bien au moins le même piédestal et les mêmes lauriers. Ceci soit dit sans que nous voulions le moins du monde amoindrir la popularité dont M. Cavaignac jouit pendant quelque temps dans le parti de l'ordre. Il la mérita par ses services. Seulement, il y a deux sortes de popularité : l'une qui a, comme nous l'avons dit, ses racines dans le temps ou dans la gloire ; l'autre qui naît d'un fait, d'un événement, d'une circonstance extraordinaire, d'une action d'éclat. Celle-ci est plus fragile, parce qu'elle ne se fonde point sur l'homme lui-même. Elle a tout le prestige de l'autre, mais elle n'en a point la solidité. Avec le temps, elle se change en une estime qui, néanmoins, a son prix ; elle laisse une trace modeste, mais infiniment honorable, dans l'histoire. On en fait des bustes de marbre, mais non point des statues d'airain. M. Cavaignac, monté au pouvoir, y fut grave, ferme, intelligent, et, sous les apparences d'une froide roideur, beaucoup plus habile et plus souple qu'on ne l'eût attendu d'un homme des camps. Déjà il avait montré avec quelle dextérité il savait se servir de ces deux ressources, qui, au premier abord, semblent s'exclure, et que Machiavel recommandait aux hommes d'État : la ruse et la force. Il ne lui manqua que le génie. Son nom, d'ailleurs, le servit mal. Les républicains lui demandaient d'y être fidèle, les hommes d'ordre de le faire oublier.

Les passions politiques sont impitoyables ; les républiques, particulièrement, sont un attentat contre le cœur humain. Le plus grand citoyen de Rome fut ce Brutus qui immola son fils, — et, soit dit en passant, voilà de ces fausses vertus qu'on nous enseigne encore à admirer à l'Université. — Une noble abnégation eût enseigné à M. Cavaignac à éviter le double écueil auquel devait se briser sa piété ou son ambition. Elle lui eût inspiré la résolution que sut accomplir Sylla après avoir vaincu les Mariens. A défaut de vertu, c'eût encore été de l'habileté ; mais il aima mieux rester au pouvoir ; l'histoire saura à quel prix.

X

A l'extrémité d'un des faubourgs de Bruxelles, à gauche de la route de Waterloo, on remarque une vieille église gothique dont les murs à moitié démolis, les mousses fleurissant à travers les briques rouges, font une ruine pittoresque. C'est l'ancienne église d'Ixelles. Elle est placée au milieu d'un terrain vague, couvert de végétations parasites. Une de ces familles nomades, qui vivent comme les hirondelles, s'est bâti une cabane dans les débris du vieil édifice, et l'on y voit fumer un toit caché par les pariétaires et les liserons. Comme j'errais un jour en plein midi dans cette contrée, je m'arrêtai sur la porte de ces braves gens

pour m'informer de ces indications banales
qu'un voyageur se croit toujours obligé de demander, sans se croire obligé de les comprendre. Un chien couché au soleil sur une large
pierre quadrangulaire attira mon attention.
Auprès de lui, une jeune fille blonde, assise
sur ses talons, épluchait les légumes du dîner
dans son tablier bleu, et, pour que rien ne
manquât à ce tableau flamand, des pourceaux
grognaient à ses pieds en se disputant les éplu-
chures. Je m'approchai de ce groupe gracieux
et bizarre, que je poétiserais autrement si ma
plume était le pinceau de Téniers. Sur la
pierre, d'où le chien et la jeune fille me regar-
daient avec leurs grands yeux intelligents,
quelque lettres noircies attirèrent mes regards.
Je me penchai, j'écartai les hautes herbes, et
qu'on juge de mon émotion ! cette pierre souil-
lée, profanée, était une tombe ; ces lettres indi-
quaient une sépulture :

CI GIT

J.-B. CAVAIGNAC,

ANCIEN CONVENTIONNEL.

En ce moment même le fils de ces os proscrits, couvert d'or et d'honneurs, régnait en France ! — Je donnai quelques *cents* à la petite Flamande ; elle balaya la pierre, et moi, étranger à ce mort, mais Français comme lui, je jetai une fleur sur son tombeau.

XI

Sous la dictature de Cavaignac, le pays demeure suspendu pendant cinq mois sur un abîme, tantôt à la pointe d'un sabre, tantôt au bout des arguties d'un sénat de bavards. Il supporte patiemment cette agonie, les yeux fixés sur la date de la délivrance.

Le 10 Décembre arrive enfin.

Le pays est appelé à faire l'inventaire des illustrations nationales pour y choisir un chef.

Puisque vingt partis nous divisent ; puisque chacun, attribuant ses défaites aux caprices du hasard, aux erreurs de la fortune, se prétend le vrai parti de la France ; puisque la vieille royauté a perdu son prestige ; puisqu'on prétend tirer son manteau au sort des révolutions et des batailles ; puisque, en un mot, le principe d'autorité est altéré et contesté, nous allons le retremper dans sa source même, dans la grande et libre élection populaire d'où sortit le premier Mérovingien.

On nous permettra, dans cette esquisse rapide, de passer sous silence des détails par trop embarrassants pour la gravité de l'historien. L'humanité, on le sait, est comme le théâtre de Shakspeare : la farce y coudoie le tragique à chaque pas. La farce n'épargne donc point ce grand spectacle de la rénovation sociale au dix-neuvième siècle : Raspail s'y mêle à Napoléon, le camphre y lutte avec la gloire ; la race du physicien Comus proclame ses droits à côté du nom impérial ; l'ancien député des chapons du Maine affiche son blason à côté de l'Aigle de Marengo, le héros de la levée de fourchettes de Lille et de Dijon, oppose aux bulletins d'Austerlitz les bulletins de ses victoires. Laissons ces incidents ridicules, ces risibles vanités, ces ambitions bouffonnes, s'agiter et disparaître dans les proportions gigantesques du drame.

———————

XII

La lutte tentée par M. Cavaignac offre seule un caractère sérieux. Nous avons dit ses titres à la confiance publique. Au moment de l'élection, il est le représentant de l'autorité; il dispose d'une influence sans bornes; il a sous la main l'armée qui l'a honorablement connu en Afrique et que commandent ses amis, ses compagnons d'armes; l'administration remplie de ses créatures, de ses partisans. Il a le trésor, les journaux subventionnés à Paris et dans les provinces ; la police, la poste, l'imprimerie nationale, les télégraphes, les chemins de fer, en un mot, toutes les ressources d'un pouvoir dictatorial, au service d'une valeur personnelle incontestable et d'une ambition que semblent encourager l'estime réelle et la reconnaissance sincère dont il est entouré.

Son rival est tout à la fois un homme inconnu de la foule, un nom connu de tout l'univers. Dans la diplomatie, dans le monde politique, parmi les lettrés et les gens qui lisent, on sait que l'homme est un esprit sévère, un cœur intrépide, unissant à d'immenses aspirations ambitieuses, une témérité brillante, une persévérance à l'épreuve des défaites et un profond mépris de la vie. Jeune encore, ses années ont été remplies par des travaux austères. Élevé comme un roi sur les marches d'un trône, il a su vivre dans les camps comme un soldat. Sa parole, toujours réfléchie et concise, révèle une intelligence accoutumée de planer dans les plus hautes sphères des spéculations humaines ; ses habitudes et ses manières sont formées d'un heureux mélange de simplicité et de grandeur.

Ceux qui l'approchent de près sentent bouil-
lonner en lui l'agitation intérieure comme on
sent les tressaillements d'un volcan. Mais son
visage, calme et froid comme une effigie de
bronze, ne trahit rien de son âme. Dieu lui a
donné l'impassibilité, armure de ceux qu'il
destine à se mesurer avec la fortune.

Deux fois cet aiglon, tombé d'une aire impériale et jeté par la tempête sur le sol étranger, a essayé de rentrer dans sa patrie. Ces
deux tentatives ont eu le résultat qu'il en
attendait alors; elles ont constaté sa revendi-
cation devant l'Europe et posé sa candidature
devant l'avenir.

Tel est l'homme, tel on le connaît du moins
au moment dont nous parlons, tel il a pu être
jugé à travers l'obscurité et l'éloignement de
l'exil.

Son nom, Napoléon Bonaparte! Ce nom est
comme le soleil. Il n'est pas un coin du monde
où il n'ait rayonné, pas une chaumière où la
main d'un soldat ne l'ait gravé entre deux ra-
meaux verts, pas une oreille qui ne l'ait entendu, pas un cœur où il n'ait retenti. Les cha-
meliers arabes le nomment dans leurs psal-

modies, comme les pâtres des Alpes dans leurs chansons. Tout ce que le peuple a aimé, vénéré, pleuré, tout ce qu'il sait de l'histoire nationale par les récits des vieillards, par les légendes des grand'mères, par les poëmes des rapsodes, par la pierre, par le marbre, par l'airain, s'appelle de ce nom. En vain demanderait-on quel est celui qui le porte aujourd'hui. Ne fût-il point connu lui-même par les qualités brillantes qui firent prophétiser son élévation à Béranger et à Carrel (1), nous demanderions à notre tour : Qu'était-ce donc que le fils de Pépin le Bref avant d'être Charlemagne? qu'était-ce que le fils de Hugues le Grand avant

(1) En 1844, Béranger écrivait au prince Louis-Napoléon : « Vous émettez les idées qui peuvent le mieux améliorer le sort des classes industrielles et travailleuses ; *vous méritez les suffrages de tous les amis de l'humanité.* » Vers la même époque, M. Louis Blanc, saluant le neveu de l'Empereur du titre de *prince*, proclamait les *tendances démocratiques et désintéressées de son âme.* Carrel, qui ne fut jamais républicain, Carrel, de loyale mémoire, laissait échapper ce cri dans le *National* : « Si Louis-Napoléon comprend les nouveaux intérêts de la France, il peut être appelé à un grand rôle. » En 1836, le *National*, rendant compte d'un ouvrage sur l'artillerie publié par le prince, alors simple capitaine au service de la Suisse, s'exprimait en ces termes : « Louis-Napoléon a conçu, rédigé et publié en moins de deux ans un travail pour lequel il avait fallu sept ans aux plus fortes têtes de l'artillerie de France. »

d'être l'élu de l'assemblée de Noyon? le fils de
Louis XII avant d'être François Ier? le fils de
Louis XIII avant d'être Louis XIV?

Mais qu'importent les objections des partis
en désarroi? Discute-t-on l'instinct populaire,
discute-t-on la Providence? Tandis que des libel-
listes, qu'on croirait payés par l'étranger pour
insulter à leur pays, « poussent d'insolentes cla-
meurs, » la France, qui a la piété, l'amour, l'orgueil des grands souvenirs, se lève comme un
seul homme, et les mêmes canons qui annon-
cèrent la naissance du roi de Rome à l'Europe
lui annoncent que le suffrage universel vient
de préparer un nouvel héritier à l'empereur !

<hr>

XIII

Il n'est pas inutile de remarquer ici les con-
tradictions flagrantes auxquelles les démocrates

ont eu recours pour les besoins de leur cause
dans les différents débats qui se sont élevés au
sujet de cette élection depuis le 10 décembre.
Avant l'élection, la presse du parti a un mot
d'ordre admirablement suivi. Si les avis sont
partagés quant aux divers candidats dont les
noms divisent les diverses fractions républi-
caines et socialistes, on est unanime sur les on-
jections relatives au prince Louis-Napoléon ; les
diatribes contre cette candidature sont rédi-
gées en commun par les scribes des concur-
rents, et il est convenu et signifié au pays :

Que Louis-Napoléon est un prétendant ; que
les républicains sans distinction le repoussent
à priori, parce que les précédents de Boulogne
et de Strasbourg établissent invinciblement ses
prétentions ; parce qu'il est visible, par les
manifestations de la presse départementale, par
l'attitude des populations, par les menées des
partis, que Louis-Napoléon est le candidat de
l'armée, des campagnes, des légitimistes, du
clergé et de toute la portion de la bourgeoisie
hostile à la République et à la Constitution.
Les autres objections contre le prince sont ti-
rées des instincts de sa race conquérante, de

son éducation napoléonienne, des souvenirs historiques auxquels il aime naturellement à se complaire, puisqu'ils font sa force et sa popularité. Et, là-dessus, apparaissent le spectre de la première République égorgée, la vieille Constituante, jetée par les fenêtres de Saint-Cloud, et toutes les prosopopées que peuvent inspirer ces ombres vengeresses. Toute cette polémique, enfin, se résume en deux mots :

Ceux qui veulent l'Empire voteront pour Louis-Napoléon. Qui votera pour Ledru-Rollin? Ce sont les intrigants de la veille, disent les amis de Raspail. Qui votera pour Raspail? Ce sont les imbéciles du lendemain, disent les Rollinistes. Tout cela est vrai, tout cela est juste, tout cela est clair, et la question ne saurait être plus nettement posée.

Voici maintenant le résultat du scrutin :

Louis-Napoléon : six millions de voix.

Cavaignac, Ledru-Rollin, Lamartine et Raspail ensemble : deux millions.

Les républicains ont posé les prémisses, on les prie de tirer la conclusion. Si la raison humaine a quelque valeur, si le bon sens mérite quelque respect, si la logique n'est pas une chimère et l'arithmétique une mystification, qu'on nous dise ce que signifient, ce qu'expriment ces chiffres, sinon que l'élection de Louis-Napoléon Bonaparte n'est point républicaine, et qu'il n'y a pas en France plus de cinq cent mille républicains sur trente-trois millions de Français? (1) Et, subséquemment, s'il est vrai que le bon sens, la raison, la logique, la loyauté, l'honneur, le salut public, commandent à l'élu d'un peuple de conformer ses intentions, ses paroles, ses actes, sa conduite, aux vœux de ses mandataires, dites-nous, ô promoteurs du suffrage universel, quels sont, quels peuvent être, vis-à-vis de la République et de la Constitution, les devoirs d'un prince porté au pouvoir par tout un pays dont le suffrage même est, de votre propre aveu, un acte d'hostilité, une protestation, une insurrection contre la Constitution et la République?

A qui parviendra-t-on à persuader que le président, élu unique, expression une, indivisible, absolue, du suffrage universel, doit être

____

(1) Nous défalquons 150,000 voix dites *réactionnaires* (selon l'expression des démocrates, données à M. Cavaignac par les orléanistes, les légitimistes et ses fonctionnaires publics.

inférieur, subordonné à l'Assemblée qui n'en est, elle, que l'expression incomplète, mobile, hétérogène et profondément divisée? A qui fera-t-on comprendre que trois dixièmes de un sont égaux à un? C'est pourtant en ces termes que le débat s'engage devant la Législative.

Trahissant les vœux manifestes du pays, infidèles à leur mandat, infidèles à leurs précédents, les montagnards s'embusquent dans cette Constitution qui jusque-là n'avait pas eu de plus implacables adversaires qu'eux-mêmes. Ce drapeau, qu'ils ont hué, bafoué, outragé, devient leur drapeau. Ce pacte, qu'ils ont violemment déchiré, foulé aux pieds le 15 mai, est le même qu'ils prétendent imposer aux respects du pouvoir qu'il enchaîne et de la majorité qu'il opprime. Ils voient, et l'évidence les accable, que l'élection du 10 décembre a frappé la Constitution au cœur, que cette Constitution n'existe plus que pour la forme. Ils sentent qu'elle est morte d'elle-même, de sa mort naturelle, et voici que, pour la rendre intéressante, ils imaginent de crier qu'on l'assassine! M. Ledru-Rollin, l'incarnant en sa personne,

déclare qu'il est violé, se retranche au Conser-
vatoire, et cette nouvelle Lucrèce dérobe sa
pudeur aux attentats de Tarquin à travers un
vasistas !

XIV

Vaincue sur la place publique, l'insurrection se réfugie à l'Assemblée même, derrière
l'inviolabilité représentative. Là, l'orgie est
complète. A Paris, tout le monde attend un
18 brumaire, et non-seulement on l'attend,
mais on l'espère, on le sollicite, on l'invoque,
on y est prêt. Louis-Napoléon, dit-on, rêve la
dictature ; quelles circonstances pourront jamais être plus propices à ses desseins? Quoi
qu'il fasse, qu'il entre botté et éperonné dans

cette Assemblée, qu'il aille droit à ces montagnards, qu'il les fasse sauter à coups de cra-
vache par les fenêtres, qui s'y opposera? Le
hasard, qui a jeté dans cette enceinte ce ramas
de législateurs sans aveu, n'a-t-il pas préparé
l'excuse, la justification, la nécessité d'un coup
d'État? Quoi! des maçons, des cuisiniers, des
bottiers, des hommes à longue barbe qui ne
savent pas lire, qui ne se lavent jamais, ce
sont là les représentants du peuple français!
Ce sont là tes représentants, ô mère patrie de
l'élégance, de l'esprit, du talent, de la gloire!
De cette Chambre accoutumée aux voix élo-
quentes, aux accents sublimes, à la dignité, à
la majesté des Foy, des Manuel, des Benjamin
Constant, des Berryer, des Guizot, ils ont fait
« une descente de la Courtille, » selon l'expression de Proudhon, l'homme du monde le
plus sensé malgré ses extravagances, et le plus
extravagant malgré son bon sens! Au milieu
de ce désordre effréné, le commerce agonise,
l'industrie est aux abois, la confiance est rui-
née, le crédit disparu, le pays supplie le Président de le sauver... Lui seul semble rester
impassible au milieu des angoisses univer-

selles. Quels scrupules peuvent l'arrêter? quelles craintes peuvent le retenir? Que lui manque-t-il? Est-ce la force? est-ce le courage? est-ce le dévouement? Non : nous avons un peu plus tard pu mesurer son âme. Mais cet homme n'est point comme les autres hommes : il y a en lui quelque chose de l'inflexibilité du destin. Que des ambitieux vulgaires se précipitent sur les occasions offertes à leur impatience; pour lui, la grandeur n'est pas un accident : elle est une destinée. Il peut attendre, il est dans les secrets des dieux. Que la France attende aussi : pour les peuples comme pour les individus, l'expérience est mère de la sagesse, et les leçons de la Providence se cachent dans ses châtiments. L'aveuglement populaire a déchaîné les plus graves périls; que la licence nous fasse apprécier par ses folies mêmes la modération de la vraie liberté! Qu'aux alarmes, aux perturbations, aux désastres, aux ruines qu'entassent autour d'eux les étranges maîtres qu'il se donna, le pays reconnaisse son erreur et leur funesteté; que, dans ce rude apprentissage des hommes et des choses, il s'éclaire, il s'épure, il se transforme, pour être digne du

salut qui l'attend. Quand l'heure sera venue,
Louis-Napoléon ne lui faillira pas.

XV

Toutefois, cette politique est si au-dessus des
voies battues, qu'elle n'est point comprise par
le vulgaire. Et même, parmi tous ces vieux
praticiens de l'intrigue, parmi tous ces hommes d'État, parmi tous ces diplomates attrou-
pés autour d'un tapis vert comme les singes
de Decamps et étudiant le cœur humain sur
des cartes de géographie, aucun peut-être n'a
compris cet esprit étonnant qui semble se complaire à déconcerter et à confondre toutes les
prévisions. Vous dites qu'il veut s'élever, il va
sembler lui-même chercher sa ruine. L'infé-
riorité à laquelle la Constitution le condamne,

il l'accepte. Doit-il fournir des ministres, il les prend parmi les membres les plus considérables de l'Assemblée, parmi les capacités les plus renommées. Y a-t-il quelque part une influence, une gloire, une hostilité même dont il prenne ombrage, une rivalité dont il soit alarmé? Il se livre comme à dessein à ceux qui sont les plus étrangers à son avénement, le plus ennemis de sa fortune. Les orléanistes, par sa propre main, sont introduits au pouvoir. Les légitimistes sont fiers d'une jeune réputation qui s'élève, d'une fidélité et d'un talent sur lequel ils fondent les plus brillantes espérances? M. de Falloux est nommé ministre. Les conseils du Président sont ouverts à tous les amis à tous les complices de Frohsdorff et de Claremont. Quelles que soient vos opinions et vos affections, si vous pouvez faire le bonheur de la France et prouver qu'elle peut être sauvée par vous, agissez, Messieurs, vous êtes libres, vous êtes maîtres; il vous donne le pouvoir, l'or, l'influence et Changarnier.

Or, qu'arrive-t-il? Comment reconnaît-on cette loyauté téméraire, ce désintéressement sans exemple? Par des conspirations, par des complots. Les partis conviés à travailler au bonheur public travaillent à d'obscures intrigues, à la guerre civile, à la ruine du pays. Sous les propres yeux du Prince, dans son propre palais, ils se disputent d'avance son héritage. La bassesse de Changarnier lui-même devient ingrate et insolente, et, pour dernière lâcheté et pour dernière injure, Louis-Napoléon Bonaparte, comme Tarquin, est appelé l'*insensé!*

Mais voici l'histoire de Tarquin :

Prétendant au trône de Rome, il n'inspirait aucune crainte à ses rivaux. Ils l'accusaient de folie, il était le moindre danger que chacun d'eux crût devoir redouter. Son front, disent les historiens, était baissé vers la terre, sa démarche lente, son visage muet. Un jour, l'oracle consulté déclara que le trône serait le prix de celui qui ferait à Jupiter le plus beau présent. Et aussitôt les prétendants de courir vers le temple avec leurs esclaves et leurs offrandes. Tarquin y vint à son tour, gravement et lentement, selon son usage. Il portait dans sa main un bâton de roseau sur lequel il s'appuyait en marchant, et ses rivaux, le voyant passer, disaient : « Est-ce là tout ce que l'Insensé va porter à Jupiter? » Or, Tarquin, mieux avisé que les autres, sous l'écorce du roseau portait un lingot d'or. Et celui-là fut roi !

Ainsi se méprirent-ils tous sur cette politique savante et loyale prête à faire face à toutes les surprises, comme aussi prête à tous les désintéressements qu'eût pu exiger d'elle le bien public. La générosité et l'abnégation furent la première offrande que Louis-Napoléon fit à la patrie, et ils n'y virent qu'un faible roseau facile à briser par leurs intrigues et leurs épées. Mais il y avait le lingot d'or sous l'écorce ! Et celui-là sera empereur !

XVI

Grâce à Dieu, nous touchons au dénoûment. Un instant, au milieu de ces luttes sourdes et désastreuses imposées au Président par la malveillance, par la mauvaise foi, par la trahison des partis, le pays a perdu courage et désespéré de son salut. Quelque chose de pareil se vit vers la fin du dixième siècle : le bruit s'était répandu que le monde devait être anéanti à cette époque ; la peur glaça tous les cœurs, et on se prépara sérieusement à mourir. De même, aux approches de 1852, d'horribles pressentiments jettent l'anxiété et l'épouvante dans les populations. La démagogie a couvert le pays de complots sinistres ; une date fatale est désignée ; le sanglant itinéraire de l'insurrection est convenu ; les torches sont prêtes ; le poignard a marqué d'avance les poitrines qu'il doit frapper. Les scélérats qui, dans la ruine de tout le monde, espèrent trouver leur propre fortune, ne songent pas même à dissimuler leurs projets. On n'ose plus bâtir, semer, ni planter. Déjà on voit passer, le long des fermes, des vagabonds qui disent en ricanant aux paysans : « On ne sait pas qui récoltera l'année prochaine ; bien fou qui plante, il ne verra pas les bourgeons ! » C'est la Jacquerie nouvelle qui s'apprête, mais plus terrible cette fois, et plus raffinée. Elle a préparé, combiné d'avance, ses cruautés et ses orgies. Elle doit procéder philosophiquement. Son but, c'est l'anéantissement de la propriété et des distinctions sociales ; ses moyens, le fer, le feu et le croisement des races par le viol, par le mélange du sang des nouveaux Jacques et du sang des grands seigneurs dans les flancs des duchesses.

Surveillant les menées de la démagogie et à l'affût des occasions, les chefs des diverses *fac-*

tions de l'ordre, des orléanistes sans mandat, des légitimistes qui, grâce à Dieu ! n'obéissent qu'à un zèle sans complices, se préparent à exploiter la guerre civile au profit de leurs ambitions, et Changarnier a promis de leur ouvrir un chemin à travers les désastres et les ruines de la patrie.

Telle est la situation. Et sait-on où est l'espoir et l'audace des conjurés ? Dans le Prince lui-même, dans cette longanimité, dans ces temporisations loyales qu'ils insultent du nom de faiblesse, dans cette patience impassible d'où son génie va sortir enfin comme l'épée du fourreau.

L'histoire n'a jamais offert à nos regards un spectacle aussi saisissant. Environné des conjurations et des trames des partis, enchaîné par les liens d'un pacte perfide, enveloppé dans les filets que M. Thiers prit soin d'ourdir de sa propre main, enlacé dans les nœuds gordiens de la diplomatie, que lui a-t-il fallu pour se dégager et se relever de toute sa hauteur ? Un geste ; ce qu'il fallut à ce géant que les nains de Lilliput avaient garrotté durant son sommeil !

Que sont-ils devenus, où sont-ils, ces partis menaçants, ces chefs vigilants, ces orateurs sonores, ces sabres intrépides, ces courages qui avaient promis de vaincre ou de mourir? Disparus! Encore, s'ils avaient disparu dans un orage, comme Romulus, dans un gouffre, comme Curtius, nous pourrions épargner nos risées à leur défaite. Mais les Romains sont passés. Aujourd'hui, on n'a pas besoin d'immoler les gens, on les escamote. M. de Maupas envoie un sergent de ville chercher les épées de M. Cavaignac et de M. Changarnier; un caporal emmène M. Miot par sa longue barbe, et un commissaire de police emporte M. Baze, l'oie du Capitole, dans un cabriolet. La France s'éveille comme d'un cauchemar. On s'indigne d'avoir supporté ces hommes un seul jour; on s'étonne d'avoir pu les redouter, et on admire ce Prince qui, ne leur ayant jamais fait l'honneur de les craindre, a daigné à peine leur faire l'honneur de les vaincre.

C'est le triomphe naturel, sans affectation, sans emphase, de la loyauté, de la probité, de la confiance en Dieu et au peuple, c'est le triomphe du génie. Il semble que Louis-Napoléon ait à peine eu besoin d'y mettre la main, et que la Providence se soit plu à abaisser autour de lui toutes les illustrations, toutes les réputations, toutes les grandeurs, toutes les popularités de l'esprit, du talent, du courage, pour le laisser seul debout devant l'admiration et la reconnaissance publique.

CONCLUSION.

La victoire du **2** décembre contre les ennemis publics serait inachevée et manquerait de sanction si les éléments d'ordre, de prospérité et de grandeur qui survivent ne se résumaient enfin dans un pouvoir stable, énergique et complet. Les quatre années de lutte que nous venons de traverser ont fait du pays une four-

naise ardente où tous ces éléments dissous se
tordent et bouillonnent. Il faut qu'ils en sor-
tent fondus en un monument de bronze, et ce
monument sera l'Empire français. L'Empire
fondé par le premier Napoléon est resté dans la
mémoire du peuple comme le type de la force,
de la fécondité et de la gloire, et c'est pourquoi le rétablissement de cet Empire hérédi-
taire se recommande pour ainsi dire, se pré-
sente naturellement à tous les esprits comme
la conclusion forcée des événements du passé,
comme la garantie la plus sûre de l'avenir.
Aucun fait ne se sera jamais produit dans le
monde avec une logique plus rigoureuse et
plus incontestable. Qu'on s'isole de l'effer-
vescence publique, qu'on se tienne à l'écart de
l'ivresse universelle, qu'on ferme ses oreilles
et son cœur à ces élans d'un enthousiasme où
l'esprit pourrait se troubler, qu'on examine la
question comme nous nous sommes efforcés de
l'examiner nous-mêmes, avec calme et justice
vis-à-vis de tous, sans rien accorder à l'entraî-
nement des passions, et il est une chose qu'on
ne pourra jamais s'empêcher de reconnaître
et d'admirer : c'est l'enchaînement miraculeux

des faits, c'est pour ainsi dire cette persévérance d'une logique providentielle, d'une im-
pulsion mystérieuse, qui, depuis la chute de
l'Empire, partout, toujours à travers les choses,
et à travers les hommes, par les triomphes et
par les désastres, par les élévations les plus sou-
daines comme par les chutes les plus inatten-
dues, par ce culte impérial conservé comme
un feu sacré au fond des cœurs, nous a con-
duits à la situation actuelle, et, pour que rien
ne manquât à l'analogie historique, a fait sortir
Napoléon III, comme Napoléon Ier, des flancs
mêmes d'une révolution.

Il y a donc dans les circonstances inouïes
qui entourent le voyage de Louis-Napoléon
autre chose qu'un vain échange de discours et
de fleurs, autre chose que ces manifestations
vulgaires qu'un monde officiel a toujours su
provoquer sur le passage des princes. Il y a
l'explosion vraie, sincère, universelle, de tous
les cœurs; l'adhésion forcée, irrésistible de tous
les esprits, de tous les partis (1). C'est de l'en-

(1) Parmi les hommes qui, dans le voyage du Prince, ont été appelés à l'honneur de lui offrir les vœux publics, M. Michel Cheva-

thousiasme à la fois spontané et réfléchi, c'est ce qui semble impossible : une superstition raisonnable, une passion clairvoyante, une ivresse sans trouble, c'est le spectacle le plus beau et le plus imposant que l'histoire aura offert jamais aux regards de la postérité. Le Midi, où s'accomplit cette élection par acclamation, la couvre de son soleil, de ses splendeurs, de toutes ses vives et ardentes poésies. Louis-Napoléon va rentrer dans sa capitale, porté sur le pavois

lier, président du conseil général de l'Hérault, les a formulés avec une raison et une éloquence supérieures : « Monseigneur, aimer et honorer la religion, qui est le fondement de l'édifice social, dégager définitivement le pouvoir de l'arène de discussions tracassières où il aurait usé sa force et son génie à se défendre d'indignes outrages ; le placer dans une atmosphère de dignité et d'indépendance où il ait la libre disposition de sa puissance pour faire la grandeur et la prospérité de la patrie ; adhérer avec une inébranlable fermeté aux principes immortels de 89, et en développer graduellement toutes les conséquences en mesurant son allure sur la marche des esprits; concentrer les forces vives de l'État sur un objet sacré qui est également béni du ciel et de la terre, car il est également recommandé par la religion et par la politique, c'est-à-dire l'amélioration de la condition morale, matérielle et intellectuelle des classes souffrantes, telle est, Monseigneur, selon le témoignage de l'histoire et d'après vos propres écrits, la substance des idées napoléoniennes. Avec cette politique-là, Monseigneur, vous possédez un talisman qui vous attache à jamais le pays et vous en ferait suivre, au besoin, jusqu'au bout du monde. »

par le peuple et l'armée comme les chefs élus
des vieux Francs. AVE, CESAR, IMPERATOR ! —
SALUT A CÉSAR, EMPEREUR !

———

P. S. Au moment où ces lignes s'achèvent,
nous recevons le discours du Prince à Bordeaux. Ce chef-d'œuvre d'éloquence, ciselé à
la manière de César et de Napoléon Ier, est des-
tiné à un retentissement européen. Nous avons
tout juste le temps et la place nécessaires pour
l'ajouter à cette nouvelle édition.

« Messieurs,

« L'invitation de la chambre et du tribunal de commerce
de Bordeaux, que j'ai acceptée avec empressement, me four-
nit l'occasion de remercier votre grande cité de son accueil
si cordial, de son hospitalité si pleine de magnificence, et je
suis bien aise aussi, vers la fin de mon voyage, de vous faire
part des impressions qu'il m'a laissées.

« Le but de ce voyage, vous le savez, était de connaître
par moi-même nos belles provinces du Midi, d'approfondir
leurs besoins. Il a, toutefois, donné lieu à un résultat beaucoup plus important.

« En effet, je le dis avec une franchise aussi éloignée de
l'orgueil que d'une fausse modestie, jamais peuple n'a té-

moigné d'une manière plus directe, plus spontanée, plus unanime, la volonté de s'affranchir des préoccupations de l'avenir, en consolidant dans la même main un pouvoir qui lui est sympathique. C'est qu'il connaît, à cette heure, et les trompeuses espérances dont on le berçait et les dangers dont il était menacé. Il sait qu'en 1852 la société courait à sa perte, parce que chaque parti se consolait d'avance du naufrage général par l'espoir de planter son drapeau sur les débris qui pourraient surnager. Il me sait gré d'avoir sauvé le vaisseau en arborant seulement le drapeau de la France.

« Désabusé d'absurdes théories, le peuple a acquis la conviction que les réformateurs prétendus n'étaient que des rêveurs, car il y avait toujours inconséquence, disproportion entre leurs moyens et les résultats promis.

« Aujourd'hui, la France m'entoure de ses sympathies, parce que je ne suis pas de la famille des idéologues. Pour faire le bien du pays, il n'est pas besoin d'appliquer de nouveaux systèmes; mais de donner, avant tout, confiance dans le présent, sécurité dans l'avenir. Voilà pourquoi la France semble vouloir revenir à l'Empire.

« Il est néanmoins une crainte à laquelle je dois répondre. Par esprit de défiance, certaines personnes se disent : L'Empire, c'est la guerre. Moi je dis : L'Empire, c'est la paix.

« C'est la paix, car la France le désire, et, lorsque la France est satisfaite, le monde est tranquille. La gloire se lègue bien à titre d'héritage, mais non la guerre. Est-ce que les princes qui s'honoraient justement d'être les petits-fils de Louis XIV ont recommencé ses luttes? La guerre ne se fait pas par plaisir, elle se fait par nécessité; et, à ces époques de transition où partout, à côté de tant d'éléments de prospérité, germent tant de causes de mort, on peut dire avec vérité : Malheur à celui qui, le premier, donnerait en

Europe le signal d'une collision dont les conséquences seraient incalculables !

« J'en conviens, cependant, j'ai, comme l'empereur, bien des conquêtes à faire. Je veux, comme lui, conquérir à la conciliation les partis dissidents et ramener dans le courant du grand fleuve populaire les dérivations hostiles, qui vont se perdre sans profit pour personne.

« Je veux conquérir à la religion, à la morale, à l'aisance, cette partie encore si nombreuse de la population qui, au milieu d'un pays de foi et de croyance, connait à peine les préceptes du Christ ; qui, au sein de la terre la plus fertile du monde, peut à peine jouir de ses produits de première nécessité.

« Nous avons d'immenses territoires incultes à défricher, des routes à ouvrir, des ports à creuser, des rivières à rendre navigables, des canaux à terminer, notre réseau de chemins de fer à compléter. Nous avons, en face de Marseille, un vaste royaume à assimiler à la France. Nous avons tous nos grands ports de l'Ouest à rapprocher du continent américain par la rapidité de ces communications qui nous manquent encore. Nous avons partout enfin des ruines à relever, de faux dieux à abattre, des vérités à faire triompher.

« Voilà comment je comprendrais l'Empire, si l'Empire doit se rétablir. Telles sont les conquêtes que je médite, et vous tous qui m'entourez, qui voulez, comme moi, le bien de notre patrie, vous êtes mes soldats. »

FIN.